THE ADVENTURES OF CLARA

FRENCH HACKING

UPDATES

For a chance to go into the draw to win one of our FREE books every month and other updates, subscribe below!

https://frenchacking.activehosted.com/f/3

For daily posts on all things French, follow us on Instagram @Frenchacking

One language sets you in a corridor for life. Two languages open every door along the way.

— Frank Smith

CONTENTS

INTRODUCTION

Books in this Series

1. French for Beginners - Numbers & Alphabet
2. French Essentials - 50 Of The Most Used Verbs
3. Learn French With Short Stories - The Adventures of Clara

Who's it for?

Written for students who are just starting out all the way to intermediate French learners (if you're familiar with the Common European Framework of Reference - CEFR it would be the equivalent to A1-B1)

Even if you think you're intermediate to advanced you can download the audio and increase the speed to what natives speak at to see if you can follow along.

Why you'll enjoy this book

- Not a kids story, they have too many wizards and animals that you don't use in everyday speech.
- The story line is interesting and something you can relate to unlike children's books.
- There is relevant vocab you can use right away which will motivate you to read more.
- No dictionary needed as there's easy to follow translations under each paragraph.

How to get the most out of this book

1. Download the FREE (if you're not already a member) audiobook and listen to increase your comprehension skills. Try to listen a few times before you read to see how much you can pick up on and understand. Click here to get it now!

1. READ READ READ. It's rare that you learn a word by seeing it once. Come back to the book and read them over. Since you'll know what the book is about after the first read you can focus on other concepts the second time round.

1. Listen and read at the same time so you can hear the pronunciation of each syllable while seeing how the word looks like. You'll also be less distracted with this method as you'll be fully immersed.

BONUS

Follow us on Instagram @Frenchacking where we do daily posts on grammar, spelling, quotes and much much more!

CHAPTER 1

Clara est une **jeune** américaine originaire de New York, qui vient d'arriver en France, à Lyon plus précisément, où elle va passer un an. Elle s'installe chez Céline Crespo, qui est sa **correspondante** depuis plus d'un an. Clara est un peu **inquiète**, parce que c'est la première fois qu'elle est si **loin** de chez elle, et aussi un peu **préoccupée** par son **niveau** de français. Céline propose de lui présenter ses amis, qui sont très sympas et **accueillants**, et avec qui elle va **pouvoir** pratiquer son français.

Jeune : young

Un correspondant : a penpal

Inquiète : worried

Loin : far

Préoccuper : to worry

Un niveau : a level

Accueillant : welcoming

Pouvoir : to be able to

Par chance c'est le week-end, alors les amis de Céline sont assez **disponibles** pour se réunir. Ils décident de se retrouver chez Paul, une chaîne de **boulangeries** qui font de très bonnes pâtisseries. Le **rendez-vous** est à 14h, et il est seulement **midi**, elles ont donc un peu de temps à perdre. Clara pense que ce serait bien de faire un petit **tour** en ville et de prendre le métro, pour **voir** comment **ça fonctionne**. On n'est pas encore en **hiver**, mais aujourd'hui il fait vraiment **froid** : elles enfilent des vêtements chauds, mettent leurs **manteaux**, et sortent.

Par chance : luckily

Disponible : available

Une boulangerie : a bakery

Un rendez-vous : a meeting

Midi : midday

Un tour : a walk

Voir : to see

Hiver : winter

Froid : cold

Un manteau : a coat

Ça fonctionne : how it works

Ma **maison** est environ à 20 minutes de la station Hôtel de Ville, où **on se retrouve**, explique Céline à Clara. On est à Garibaldi, et on doit changer de métro à Bellecour, qui est au centre de la ville.

. . .

Puisqu'on a le temps, pourquoi ne pas marcher à partir de Belle-cour, comme ça je découvre un peu la ville.

Céline trouve que c'est une très bonne idée, et elles **se mettent en route**. "Le métro fonctionne très bien à Lyon : il est facile à utiliser, et c'est **quasiment** impossible de **se perdre** ! Par exemple, pour acheter un ticket tu dois simplement **trouver** une machine, il y en dans toutes les stations, sélectionner le ticket dont **tu as besoin** ce jour-là, et payer par carte ou **en liquide**. Voilà, le ticket s'imprime immédiatement et sera vérifié automatiquement en passant les portillons du métro.

Une maison : a house

Se retrouver : to meet up

Puisque : since

Se mettre en route : to set out

Quasiment : almost

Se perdre : to get lost

Trouver : to find

Avoir besoin : to need

En liquide : by cash

Elles **achètent** toutes les deux leurs tickets, et **s'assoient** en attendant l'arrivée du métro. Céline lui explique qu'à toute heure passent des tas de métro, alors on n'attend **jamais plus** de quelques minutes. C'est l'un des points positifs de ce moyen de transport !

Dans chaque wagon, il y a une affiche qui représente la ligne de métro, comme ça on sait **toujours** quel est le prochain arrêt. Tant qu'on fait attention à ça, on sait toujours où on est. **Après** quelques stations, elles arrivent à Bellecour, **où** beaucoup de gens descendent avec elles. C'est l'une des stations les plus importantes de la ville, parce que les gens y changent de ligne ou y descendent pour aller **travailler** dans la zone.

Acheter : to buy

S'asseoir : to sit down

Jamais : never

Plus : more

Toujours : always

Après : after

Où : where

Travailler : to work

Clara est impressionnée par ce qu'elle voit en sortant du métro. L'architecture magnifique des **bâtiments**, et les gens si bien **habillés** ! Elles continuent leur chemin vers Paul, et Clara s'étonne de toutes les **choses** qu'elle voit dans cette ville. Quand elles arrivent au lieu de rendez-vous, elles sont un peu en avance, alors elles décident d'en profiter pour prendre un petit **quelque chose** à **manger**.

Un bâtiment : a building

Habillé : dressed

Quelque chose : something

Manger : to eat

Bonjour, qu'est-ce que je vous sers ? **Demande** le **serveur**.

Un chocolat **chaud** et un croissant pour moi, dit Clara, pendant que Céline **commande** un cappuccino et un pain au chocolat.

Très bien, ça fait huit euros **soixante-dix**.

Cette fois c'est moi qui paye, comme c'est ton **premier jour** ! Dit Céline.

Oh, tu es trop gentille !

Demander : to ask

Un serveur : a waiter

Chaud : hot, warm

Commander : to order

Soixante-dix : seventy

Premier : first

Un jour : a day

Les filles prennent leurs **boissons** et leurs pâtisseries, et vont trouver une table où s'installer. Peu de temps après, les amis de Céline arrivent et les **rejoignent** à la table.

Bonjour **tout le monde** ! Céline les salue en leur faisant la bise, un rapide **bisou** sur chaque **joue**. Voilà mon amie de New York, Clara, elle va habiter avec moi pendant quelques **mois**. Pour le moment elle est **un peu timide**, mais elle aimerait bien pratiquer son français avec vous. Ça vous va qu'on fasse un cercle et qu'on se présente les uns après les autres ?

Une boisson : a drink

Rejoindre : to join

Joue : cheek

Tout le monde : everybody

Un mois : a month

Un bisou : a kiss

Un peu : a bit

Timide : shy

Salut, je m'appelle Léonie et j'ai 15 ans. Mes parents sont allemands **mais** vivent ici, de fait j'ai habité en France toute ma vie. C'est cool parce que chez moi je parle allemand, mais avec mes amis je parle français!

Bonjour, moi je m'appelle Adam, j'ai 15 ans aussi, je suis français. Ma famille **vient** du Sud de la France, d'une ville qui s'appelle Antibes qui se trouve juste **à côté de** Nice.

Bonjour, je m'appelle María. J'ai 16 ans, je suis espagnole. Je suis en France pour un an, moi aussi je suis là pour **améliorer** mon français !

Wow ! Clara est surprise par la **gentillesse** des amis de Céline, et par leurs différences. Après quelques minutes à **bavarder**, elle se sent déjà **à l'aise** et beaucoup plus sûre de son français. Elle n'est plus du tout inquiète.

Mais : but

Venir : to come from

A côté de : next to

Améliorer : to improve

Gentillesse : kindness

Bavarder : to chat

A l'aise : comfortable

CHAPTER 1 QUESTIONS

Des Questions (Chapitre 1)

1) Où se retrouvent les amis de Céline ?

A) Chez MacDo

B) Chez Paul

C) Chez Starbucks

D) Chez Pomme de Pain

2) En quelle saison sommes-nous ?

A) L'été

B) Le printemps

C) L'automne

D) L'hiver

3) A quelle station descendent-elles ?

A) Bellecour

B) Hôtel de Ville

C) Garibaldi

D) Grange Blanche

4) Qu'est-ce que Clara commande ?

A) Un Latte

B) Un capuccino

C) Un chocolat chaud

D) Un café au lait

5) D'où vient Adam ?

A) De Nice

B) D'Allemagne

C) D'Espagne

D) D'Antibes

CHAPTER 1 ANSWERS

Les réponses (Chapitre 1)

1. B
2. C
3. A
4. C
5. D

CHAPTER 2

Demain est un grand jour : c'est la **rentrée des classes**. Dans les premiers jours de septembre, tous les enfants français **retournent** à l'école. Clara est très impatiente de **découvrir** le lycée ! Céline lui a expliqué que l'école française a trois **étapes** : la maternelle et l'école primaire, pour les enfants qui ont entre trois ans et dix ans, ensuite le collège pour les enfants de onze à quatorze ans, et le lycée pour les adolescents de quinze à dix-huit ans. Céline et Clara vont entrer au lycée ensemble. Le petit frère de Céline, Matéo est encore au collège. Il a seulement treize ans.

Pour se préparer, toute la famille va au **supermarché** acheter les **fournitures scolaires**. Il y a beaucoup de monde ! La mère de Céline, Florence, a une liste de toutes les choses à acheter.

Florence : Bon, on va commencer par choisir un nouveau **sac-à-dos** pour Matéo, parce que celui de l'année **dernière** est cassé. Qu'est-ce que tu penses de ce sac-à-dos Spiderman ?

Matéo : Mais c'est pour les bébés ! Je veux un sac normal, comme **celui-là**. Il est complètement noir, et il est cool.

Florence : Comme tu veux… Maintenant, vous devez tous choisir un **agenda**. Attention, il doit être assez grand pour pouvoir écrire tous vos **devoirs**.

Céline : Je n'ai pas envie d'avoir des devoirs tous les soirs… Pourquoi est-ce que les vacances ne **durent** pas **toujours** ?

La rentrée des classes : the start of the school year

Retourner à : to come back to

Découvrir : to discover

Une étape : a step

Un supermarché : a supermarket

Les fournitures scolaires : school supplies

Un sac-à-dos : a backpack

Dernier : last

Celui-là : that one

Un agenda : a diary

Les devoirs : homework

Après les agendas, ils vont chercher des **cahiers**, des **stylos** et des **crayons**. Un **stylo-plume**, un stylo rouge, un stylo vert, un **surligneur**, et des **crayons à papier** pour faire les exercices. Ils achètent aussi des **crayons de couleur** et de la **peinture** pour le cours d'arts plastiques. Pour le cours de sport, ils ont besoin d'un **survêtement**, et de **baskets**. Tous les ans, en septembre, les supermarchés proposent toutes ces choses : pas besoin d'aller dans différents magasins. C'est plus pratique ! Il y a même des **blouses**

blanches pour le cours de **chimie** des filles. Tout ce **matériel scolaire**, ça représente beaucoup d'**argent.**

Un cahier : a notebook

Un stylo : a pen

Un crayon (à papier) : a pencil

Un stylo-plume : a fountain pen

Un surligneur : an highlighter

Un crayon de couleur : a colored pencil

La peinture : paint

Un survêtement : a tracksuit

Des baskets : sneakers

Une blouse blanche : a lab coat

La chimie : chemistry

Le matériel scolaire : school supplies

L'argent : the money

Ce soir, les enfants vont tous **se coucher tôt**. Quand le **réveil sonne** à six heures quarante cinq, Clara **se réveille** difficilement ! Elle **s'habille**, **se coiffe**, et va prendre son **petit déjeuner**. Clara est déjà installée à table, avec un bol de chocolat chaud et des **tartines**. Clara se prépare un café au lait, et fait griller du pain pour se faire des tartines. Les français mangent leurs tartines avec du **beurre**, de la **confiture**, ou du Nutella. Mais Clara a apporté un pot de **beurre de cacahuètes** pour se sentir comme à la maison ! Matéo **a goûté** le beurre de cacahuètes pour la première fois grâce à elle, et maintenant il en mange tous les matins.

. . .

Se coucher : to go to bed

Tôt : early

Un réveil : an alarm clock

Sonner : to ring

Se réveiller : to wake up

S'habiller : to dress

Se coiffer : to make one's hair

Le petit déjeuner : the breakfast

Une tartine : a toast

Le beurre : the butter

La confiture : the jam

Le beurre de cacahuète : peanut butter

Goûter : to taste, to try some food

Sur le chemin, les filles **retrouvent** Maria, qui habite à côté. Quand elles arrivent au lycée, Clara est un peu impressionnée par tous ces gens qu'elle ne connaît pas. Heureusement, dans **la cour de récréation** elle reconnaît rapidement les amis de Céline. Sur un **mur**, on a publié les listes d'élèves classe par classe. A huit heures, la **sonnerie** indique qu'il faut aller vers sa **salle de classe**. Une deuxième sonnerie dix minutes plus tard indique l'heure maximum pour entrer : Céline explique que si un élève arrive plus tard, il sera **puni**.

Retrouver : to meet

La cour de récréation : the schoolyard

Un mur : a wall

La sonnerie : the bell

La salle de classe : the classroom

Puni : punished

Tous les élèves de la classe se présentent. La nationalité de Clara **attire** beaucoup **l'attention** ! Ils lui posent beaucoup de questions, ils veulent tout savoir sur sa vie aux Etats-Unis. Le professeur distribue les **emplois du temps**, Clara est contente de voir que le mardi ils commencent à dix heures : elle va pouvoir **se lever** un peu plus tard !

Le midi, tout le monde mange à la **cantine** : en France l'école organise et sert le **repas** des élèves. Les menus sont validés par le **conseil d'administration** et par un nutritionniste. En entrée, Clara choisit une salade **d'endives** parce qu'elle n'a jamais goûté avant. Comme plat principal, elle prend du **poisson** avec de la **purée** et des **haricots verts**. Et en dessert, on peut choisir un **produit laitier** et un fruit ou **gâteau**.

Clara : Pourquoi il y a des assiettes de fromage en dessert ?

Céline : En France, traditionnellement on mange le fromage **entre** le plat et le dessert. Aujourd'hui, il y a du camembert, et du gruyère, c'est très bon. Moi, je prends ça, et une part de gâteau aux **amandes**.

Attirer l'attention : to draw attention

Un emploi du temps : a schedule

Se lever : to wake up

La cantine : the canteen

Un repas : a meal

Le conseil d'administration : the school board

Une endive : a chicory

Un poisson : a fish

La purée : mashed potatoes

Un haricot vert : a green bean

Un produit laitier : a dairy product

Un gâteau : a cake

Entre : between

Une part : a slice

Amandes : almonds

CHAPTER 2 QUESTIONS

Des Questions (Chapitre 2)

1) Comment s'appelle l'école pour un enfant de 17 ans ?

A. La maternelle

B. L'école primaire

C. Le collège

D. Le lycée

2) Comment s'appelle l'école pour un enfant de 13 ans ?

A. La maternelle

B. L'école primaire

C. Le collège

D. Le lycée

3) Que mange Clara pour le petit déjeuner ?

A. Un chocolat chaud et des tartines de beurre

B. Un café au lait et des tartines de confiture

C. Un café au lait et des tartines de beurre de cacahuètes

D. Un chocolat chaud et des tartines de beurre de cacahuètes

4) A quelle heure commencent vraiment les cours ?

A. Six heures quarante-cinq

B. Huit heures trente

C. Huit heures dix

D. Huit heures

5) Comment s'organise le repas du midi dans les écoles françaises ?

A. Les enfants apportent leur sandwich

B. Les enfants vont dans un restaurant à côté de l'école

C. Les enfants rentrent chez eux

D. Les enfants vont à la cantine de l'école

6) A quel moment du repas les français mangent-ils le fromage ?

A. En premier

B. Entre le plat et le dessert

C. En dernier

D. En même temps que le dessert

CHAPTER 2 ANSWERS

Les réponses (Chapitre 2)

1. D
2. C
3. C
4. B
5. D
6. B

3

CHAPTER 3

Ça fait trois **semaines** que Clara est en France. Comme Céline l'emmène **partout** avec elle, elle parle **déjà** beaucoup mieux français ! Aujourd'hui, elles vont rendre visite à son **grand frère**, Marc. Céline propose d'y aller à pieds, parce que c'est seulement à vingt minutes, et que le trajet est **agréable**.

Céline : En sortant de chez moi, on prend la rue Garibaldi pendant cinq cent mètres, on tourne à **gauche**, et on continue **tout droit** en direction du pont Wilson. C'est facile. **On y va** ?

Une semaine : a week

Partout : everywhere

Déjà : already

Grand-frère : big brother

Agréable : nice

Tout droit : straight ahead

Gauche : left

On y va : let's go

Son frère habite rue Childebert, au troisième **étage** d'un vieux bâtiment du dix-septième **siècle**. Clara est impressionnée par l'architecture de la ville ! Depuis qu'elle est en France, elle voit tous les jours des immeubles très anciens. Elle prend tout le temps des photos, qu'elle **envoie** à sa famille et à ses amis. Le seul problème, c'est qu'il n'y a pas d'ascenseur, elles sont obligées de prendre les **escaliers** ! Quand elles arrivent, Marc et sa femme les **accueillent**.

Marc : Bonjour les filles, bienvenues ! Clara, c'est un plaisir de te rencontrer. Je te présente Isabelle, ma femme, et notre petite **fille** Lucie.

Clara : Bonjour ! Comme votre fille est jolie, félicitations ! J'aime beaucoup votre appartement

Isabelle : Oh oui, on l'adore. Malheureusement on va bientôt **déménager**. Avec la naissance du bébé, l'appartement est trop petit pour notre famille. Lucie a **seulement** six mois, mais c'est déjà compliqué de vivre ici.

Troisième étage : third floor

Un siècle : a century

Envoyer : to send

Des escaliers : stairs

Accueillir : to welcome

Une fille : a daughter / a girl

Déménager : to move in/out

Seulement : only

Ils **montrent** l'appartement aux deux amies. Le **salon** est grand, et très lumineux. Le balcon est décoré de beaucoup de plantes, avec deux **chaises** rouges. **A côté de** la porte de la cuisine, il y a un **couloir**, pour aller dans la **chambre** ou dans la **salle de bain**. La chambre et très petite : le **lit** occupe quasiment tout l'espace ! Sur les **murs**, Clara voit des photos de famille, et des copies de **tableaux**. Elle reconnaît un tableau de **Monet** qu'elle a vu, un jour, au **MOMA**. Isabelle, lui explique qu'elle l'a acheté dans la boutique du musée !

Isabelle : Je suis allée à New York pendant deux mois quand j'étais étudiante, pour améliorer mon anglais. J'habitais à Brooklyn, et j'étudiais dans un petit institut. Ce sont de super **souvenirs** !

Montrer : to show

Un salon : a living room

Une chaise : a chair

A côté de : next to

Un couloir : a hallway

Une chambre : a bedroom

Une salle de bain : a bathroom

Un lit : a bed

Un mur : a wall

Un tableau : a painting

Monet : name of a French painter

MOMA: museum of modern art (in new york)

Un souvenir : a memory.

Céline est très curieuse : elle pose plein de questions à Isabelle sur New York, parce qu'elle aussi a très envie d'aller y étudier l'anglais !

Pendant ce temps, Marc fait du café, et il apporte de petits **gâteaux** que Clara ne connaît pas. Ils s'installent à table. Isabelle lui explique que ces gâteaux s'appellent des cannelés, et qu'ils sont typiques de la région de Bordeaux, dans l'Ouest de la France.

Marc : Combien de **sucres** tu veux dans ton café, Clara ?

Clara : Deux, s'il te plait. Est-ce que je peux avoir du **lait** ?

Céline demande à son frère dans quel **quartier** ils **cherchent** leur nouvel appartement.

Marc : En périphérie de la ville… **Même si** on adore habiter ici, parce qu'on est dans le centre, c'est un peu trop **cher** pour nous. En plus, le travail d'Isabelle est très loin, elle passe beaucoup de temps dans les transports, et c'est **fatigant**.

Isabel : On va essayer d'acheter une petite maison avec un **jardin** : j'ai envie de voir ma fille jouer **dehors**. On veut aussi adopter un **chien** !

Un gâteau : a cake

Du sucre : sugar

Lait : milk

Un quartier : a neighborhood

Chercher : to look for

Cher : expansive

Même si : even if

Fatigant : tiring

Un jardin : a garden

Dehors : outside

Un chien : a dog

Pour le moment, ils ont visité trois maisons. La **première** est très **près du** centre, mais elle n'avait pas de jardin. La **deuxième** est **énorme** : elle a trois chambres, deux salles de bain, un salon, une **salle à manger**, une grande cuisine moderne, une **piscine**. Mais elle est **au bord** d'une grande route, des voitures passent jour et nuit, c'est **insupportable**. Ce n'est vraiment pas une bonne option. La **troisième** est parfaite : elle a un joli jardin, deux grandes chambres, et ils se sont sentis chez eux immédiatement.

Près de : close to

Le premier : the first

Le deuxième : the second

Enorme : huge

Une salle à manger : a dining room

Une piscine : a pool

Au bord de : beside, next to

Insupportable : unbearable

Isabel : Le problème, c'est qu'elle est un peu trop chère. On va téléphoner au propriétaire pour négocier le prix. Je **suis tombée amoureuse** de cette maison !

Ils **bavardent** et boivent leur café, quand soudain le bébé

commence pleurer. Les filles pensent qu'il est l'heure de **partir** pour les laisser seuls : il est déjà dix-huit heures. Elles **remercient** le couple, **surtout** pour les gâteaux, que Clara a beaucoup aimés ! Elles promettent de **revenir bientôt** les voir.

Tomber amoureux : to fall in love

Bavarder : to chat

Commencer : to start

Pleurer : to cry

Partir : to leave

Remercier : to thank

Surtout : especially

Revenir : to come back

Bientôt : soon

Des Questions (Chapitre 3)

1) Qui est Marc ?

A) Un ami d'Isabelle

B) Le frère de Clara

C)Le voisin de Céline

D)Le frère de Céline

2) Pourquoi va-t-il déménager ?

A) Il s'installe avec Isabelle

B) Il s'installe avec Lucie

C)Son appartement est trop petit

D)Il est obligé

3) Pourquoi Isabelle est allée à New York ?

A) Pour son travail

B) Pour améliorer son anglais

C) Pour les vacances

D) Pour voir sa famille

4) Combien de temps est-elle restée à New York ?

A) Un mois

B) Deux mois

C) Trois mois

D) Quatre mois

5) Quel animal de compagnie veulent-ils adopter ?

A) Un canari

B) Un chat

C) Un hamster

D) Un chien

CHAPTER 3 ANSWERS

Les réponses (Chapitre 3)

1. D
2. C
3. B
4. B
5. D

CHAPTER 4

Aujourd'hui, Céline ne se sent pas très bien : elle a un peu de **fièvre**, et elle **tousse**. Elle raconte à Clara que, **la veille**, elle a oublié son **écharpe**, et qu'il y avait beaucoup de **vent**.

Clara : Je crois que tu es **malade**… Est-ce que tu veux aller chez le médecin ?

Céline : Ce n'est pas possible, aujourd'hui c'est **l'anniversaire** de ma cousine, Marie. Toute la famille y va. J'espère que tu n'as pas oublié : toi aussi tu es invitée !

Clara : Oh oui, bien sûr. Je suis contente de rencontrer ta famille, et de découvrir comment les français **fêtent** leur anniversaire.

Céline : Formidable. **Ne t'inquiète pas** pour moi, je vais prendre un médicament contre la fièvre, et voilà. On doit être à l'anniversaire à 15h. C'est très **loin**, alors on va y aller en **voiture** avec mes parents.

La fièvre : fever

Tousser : to cough

La veille : the day before

Une écharpe : scarf

Le vent : wind

Malade : sick

Un anniversaire : a birthday

Fêter : to celebrate

S'inquiéter : to worry

Loin : far

Une voiture : a car

Quelques heures plus tard, les filles se préparent pour l'anniversaire. Céline met un **pantalon** noir, un t-shirt bleu, et des chaussures **à talons**. Clara décide de mettre un jean et un joli **chemisier** blanc. Elle l'a acheté dans un magasin du centre-ville de Lyon, et elle l'aime beaucoup.

Dans la voiture, Clara écoute les **chansons** à la radio, et réalise qu'elle comprend les **paroles**. Elle se souvient très bien que quand elle est arrivée en France, elle ne comprenait absolument rien ! **Maintenant**, il y a des chansons qu'elle écoute très **souvent**, et qu'elle est capable de chanter en français. Elle est contente d'améliorer rapidement son français, et elle se sent pleine de **confiance** !

C'est Marie qui les accueille. Les filles lui **souhaitent** un **joyeux anniversaire**, et lui donne son **cadeau**. Il y a beaucoup de monde dans la maison.

· · ·

Quelques : few

Un pantalon : pants

À talon : high-heeled

Un chemisier : women shirt

Une chanson : a song

Les paroles : the lyrics

Maintenant : now

Souvent : often

La confiance : confidence

Souhaiter : to wish

Joyeux anniversaire : happy birthday

Un cadeau : a gift

Céline : Tu vois ce couple, **à côté de** la porte ? C'est mon **oncle** et ma **tante**, les parents de Marie. Sur le **canapé**, ce garçon c'est mon cousin Charles, le **petit frère** de Marie. Mon **grand-père**, c'est ce vieux monsieur à côté de la fenêtre. Il est très gentil, il fait tout le temps des **blagues**, tu vas voir. Tu **te souviens** de ma **belle-sœur**, Isabelle ? Regarde, elle est dans la cuisine, elle bavarde avec ma grand-mère.

Clara : Je ne comprends pas : Isabelle est ta **sœur** ?

Céline : Mais non ! C'est ma belle-sœur : la **femme** de mon frère. En français, quand quelqu'un est en couple avec un membre de ta famille, tu ajoutes « beau » ou « belle ». Le **mari** de ta sœur, c'est ton beau-frère. Le père de ton mari, c'est ton beau-père. Tu comprends maintenant ?

Clara : Oui ! Merci de ton explication. J'ai encore beaucoup de choses à apprendre.

. . .

A côté de : next to

Oncle : uncle

Tante : aunt

Un canapé : a couch

Petit frère : younger brother

Grand-père : grand father

Se souvenir : to remember

Belle-sœur : sister in law

Sœur : sister

La femme : the wife

Mari : husband

Clara va à la cuisine leur chercher des boissons. Comme elle ne sait pas quoi **choisir**, elle demande **conseil** à Isabelle, qui lui commente qu'elle adore le kir. Elle explique à Clara que le kir est un **mélange** de vin blanc sec et de liqueur de fruit : c'est **sucré**. Mais Clara ne boit pas d'alcool ! Elle prend simplement deux **verres** de **jus de fruit**, et va rejoindre Céline dans le salon.

Céline : Merci pour le verre !

Clara : De rien ! … C'est qui, le garçon à côté de la cheminée ?

Céline : C'est Julien, mon autre cousin. Il habite à Lyon mais je ne le vois pas **souvent**. Il n'arrête pas de te regarder ! On va lui parler ?

Choisir : to choose

Un conseil : an advice

Un mélange : a mix

Sucré : sweet

Un verre : a glass

Du jus de fruit : juice

Clara est un peu **timide**, mais Julien est très gentil et rapidement elle se sent **à l'aise**. Julien a seize ans, il est au lycée Ampère en « section européenne anglais ». Il explique à Clara que toutes les semaines il a des heures de classe **supplémentaires** pour étudier la langue anglaise, et la culture anglophone. Par exemple, ses classes d'histoire et de géographie sont complètement en anglais ! Il est très content de connaître Clara, et il lui demande son numéro de téléphone pour l'inviter à boire un café.

La mère de Marie **éteint** les lumières, et apporte un énorme **gâteau**. Tout le monde chante « Joyeux anniversaire ». Quand Marie ouvre ses cadeaux, elle découvre que ses parents lui ont acheté un scooter, et elle **pleure** de joie !

Les filles ont passé une excellente après-midi, et Céline ne se sent plus du tout malade. Dans la voiture, elles écoutent la radio sans parler, et Clara se demande si Julien va l'appeler **bientôt**.

Timide : shy

A l'aise : comfortable

Supplémentaire : extra, additional

Eteindre : to turn off

Pleurer : to cry

Bientôt : soon

CHAPTER 4 QUESTIONS

Des Questions (Chapitre 4)

1) Pourquoi est-ce que Céline est malade ?

A) Elle est très fatiguée

B) Elle a oublié d'aller chez le médecin

C) Elle a oublié son écharpe

D) Elle a trop mangé de gâteau

2) Qui fête son anniversaire ?

A) Marc

B) Isabelle

C)Clara

D)Marie

3) Le père de mon père s'appelle mon…

A) Beau-père

B) Grand-père

C)Frère

D)Petit père

4) La femme de mon frère s'appelle ma…

A) Petite sœur

B) Grande sœur

C)Belle-sœur

D)Jolie sœur

5) Où est-ce que Julien étudie l'anglais ?

A) En Angleterre

B) Sur internet

C)Dans un institut

D)Au lycée

CHAPTER 4 ANSWERS

Les réponses (Chapitre 4)

1. C
2. D
3. B
4. C
5. D

5

CHAPTER 5

Avec le mois de décembre viennent les **préparatifs** de Noël. Clara est un peu nostalgique de passer les fêtes de fin d'année **loin de** sa famille et des ses amis. Mais elle est contente de découvrir comment les français vivent ce moment de l'année si particulier. Les magasins ont commencé à vendre des décorations de Noël, et dans les rues on a installé des **guirlandes lumineuses**. La nuit, le centre-ville est plein **d'étoiles** rouges, bleues, et jaunes. Il fait froid, mais moins qu'à New York ! A la maison, ils ont installé **tous ensemble** le **sapin de Noël**. Ce n'est pas un vrai sapin, il est en plastique ! Ils ont expliqué à Clara que comme ça, on **protège** les forêts, et on économise de l'argent. Elle n'est pas **convaincue** : les fêtes sans **l'odeur** du sapin… ça ne va pas !

Les préparatifs : the preparations

Loin de : far away from

Une guirlande lumineuse : fairy lights

Une étoile : a star

Tous ensemble : all together

Un sapin de Noël : a Christmas tree

Protéger : to protect

Convaincu : convinced

Une odeur : a scent

Depuis le début des **vacances** de Noël, les filles passent beaucoup de temps à la maison : elles discutent, elles regardent les **films** classiques qui passent tous les ans à la télévision. Il y a une série de films que Clara aime beaucoup : ça parle de la vie de Sissi l'Impératrice. Ils sont un peu **vieux**, mais l'actrice, Romy Schneider, est tellement belle !

Samedi, elle est allée pour la première fois visiter un **marché de Noël** français. Elle a mangé une gigantesque **gaufre** chocolat-chantilly, et elle a bu du vin chaud : un mélange traditionnel de vin rouge et d'épices. Sur le marché de Noël, il y avait beaucoup de stands **d'artisanat**, pour acheter des **cadeaux** originaux. Elle a acheté des **boucles d'oreilles** pour Céline. Mais elle ne sait pas quoi **offrir** à ses autres amis français… Elle demande à Céline si elle peut la conseiller.

Céline : Bien sûr ! Je te propose d'aller ensemble aux Galeries Lafayette, mercredi matin, ça te va ?

Depuis : since

Des vacances : holidays

Un film : a movie

Vieux : old

Un marché de Noël : a Christmas market

Une gaufre : a waffle

Artisanat : crafts

Un cadeau : a gift

Des boucles d'oreille : earrings

Offrir : to give

Clara : D'accord, mais les Galeries Lafayette c'est très **cher**, non ?

Céline : Ne t'inquiète pas ! J'y vais tous les ans : tu peux trouver beaucoup de petits cadeaux de très bonne qualité à des prix raisonnables. Il y a de jolis **porte-monnaie**, des écharpes, des **bijoux**, des **ceintures**, des **gants**... C'est un peu chic, les gens sont toujours très contents.

Clara : Alors c'est parfait !

Céline : Le seul inconvénient, c'est qu'il y a **beaucoup de monde** dans les **magasins**. Les gens stressent parce qu'ils n'ont pas **terminé** leurs cadeaux de Noël.

Les jours passent, et c'est déjà le 24 décembre. Toute la famille a décidé de commencer la journée par un super petit-déjeuner. Il y a du chocolat chaud **fait maison** (fait avec du vrai chocolat noir et de la **crème fraîche**), des croissants, des pains au chocolat, de la **brioche**... Matéo, le petit-frère de Céline, **n'arrête** pas de manger.

Cher : expensive

Un porte-monnaie : a purse

Un bijou : a piece of jewellery

Une ceinture : a belt

Un gant : a glove

Beaucoup de monde : lots of people

Un magasin : a store

Terminer : to finish

Fait maison : homemade

La crème fraîche : heavy cream

Une brioche : sweet baked soft bread

Arrêter : to stop

Florence : Mais enfin Matéo, arrête. Tu ne vas pas pouvoir manger ce soir ! Ton père et moi, on a prévu un formidable dîner.

Patrick : Oui, et on a besoin de votre **aide** pour que tout soit **prêt** ce soir.

Pendant que les parents cuisinent, les enfants préparent tout pour le dîner. Ils **rangent** la maison, ils **passent l'aspirateur**, ils **mettent la table** avec les **assiettes** de **porcelaine** et les **couverts** en **argent**, ils posent des flûtes à champagne sur la **table basse**. Quand les grands-parents arrivent, tout le monde s'assoit dans le salon et prend l'apéritif. Ils mangent plein de petits canapés et de **bouchées chaudes**. Le père de Céline sert du champagne, et ils **trinquent**. Joyeux Noël ! C'est le moment de se donner les cadeaux ! Clara trouve un **paquet** avec son nom, elle l'ouvre et découvre un sweater blanc d'une marque française qu'elle aime beaucoup, avec écrit « LOVE IS FRENCH ». Elle **remercie** tout le monde !

L'aide : help

Prêt : ready

Pendant que : while

Ranger : to tidy

Passer l'aspirateur : to vacuum

Mettre la table : to set the table

Une assiette : a plate

Les couverts en argent : the silver cutlery

Une table basse : a coffee table

Une bouchée chaude : a warm canapé

Trinquer : to make a toast

Un paquet : a packet

Remercier : to thank

Au dîner, ils mangent des choses qu'elle ne connaissait pas, comme les **huîtres**, les **escargots** au **persil** et le **foie gras**. Elle comprend pourquoi les français sont **fous de** leur foie gras, c'est délicieux. Mais les escargots, vraiment, c'est **bizarre** ! Le plat principal ne la surprend pas : c'est une **dinde**, comme celle que sa mère prépare pour Thanksgiving. Et en dessert, ils mangent la traditionnelle **bûche** de Noël : un **gâteau glacé** en forme de **morceau de bois**. Le grand-père de Céline lui explique que c'est en souvenir d'une ancienne tradition : **bénir** une bûche et la **brûler** très **doucement**, puis **conserver** les **cendres** pour la prospérité de l'année qui va **bientôt** commencer.

Une huître : an oyster

Un escargot : a snail

Persil : parsley

Le foie gras : duck's liver pâté

Être fou de : to be crazy about

Une dinde : a turkey

Une bûche : a log

Un gâteau glacé : a frozen cake

Un morceau de bois : a piece of wood

Bénir : to bless

Brûler : to burn

Doucement : slowly

Conserver : to keep

Les cendres : the ashes

Bientôt : soon

CHAPTER 5 QUESTIONS

Des Questions (Chapitre 5)

1) Qu'est-ce que Clara boit au petit-déjeuner ?

A. Du vin chaud

B. Du champagne

C. Du café

D. Du chocolat au lait

2) Quel cadeau reçoit Céline ?

A. Une écharpe

B. Un porte-monnaie

C. Une ceinture

D. Des boucles d'oreille

3) Quel est le problème avec les Galeries Lafayette ?

A. C'est trop loin

B. C'est trop cher

C. Il y a trop de gens

D. Il y a trop de choix

4) Qui vient dîner chez Céline pour Noël ?

A. Son frère

B. Sa grand-mère

C. Ses cousins

D. Ses grands-parents

5) Quel dessert est traditionnellement servi à Noël ?

A. Des croissants

B. De la bûche

C. Des pains au chocolat

D. De la brioche

CHAPTER 5 ANSWERS

Les réponses (Chapitre 5)

1. D
2. D
3. C
4. D
5. B

CHAPTER 6

Les filles sont parties en week-end à la **campagne** ! Les parents de Léonie ont une maison de campagne à quinze kilomètres de Lyon, et ils ont invité tous les amis de leur fille. Il y a même une piscine, mais il fait trop froid pour en **profiter**. Adam et Maria sont venus aussi : les cinq amis sont **heureux** de pouvoir passer du temps **ensemble**. Les parents leur demandent d'être responsables, et de s'occuper de la maison. Ils ont fait un planning des **tâches ménagères**. Céline va **faire la vaisselle**, Clara et Léonie vont **faire le ménage**, Adam et Maria vont cuisiner.

La campagne : the countryside

Profiter : to enjoy

Heureux : happy

Ensemble : together

Les tâches ménagères : the housework

Faire la vaisselle : to wash the dishes

Faire le ménage : to do the cleaning

. . .

A propos de cuisiner, ils sont **sur le point d'**aller au marché pour **faire les courses**. Pour que ce soit plus simple, ils ont défini ce qu'ils vont manger à chaque **repas**. Pour le **petit déjeuner** : du chocolat au lait, du pain, du beurre et de la confiture. C'est un petit déjeuner typiquement français ! Samedi, au **déjeuner** ils vont manger un hachis Parmentier, et au **dîner** de la soupe aux oignons. Le dimanche, ils doivent retourner à Lyon, alors ils vont déjeuner rapidement, une simple **salade composée**.

Sur le point de : about to

Faire les courses : to do the grocery shopping

Un repas : a meal

Le petit-déjeuner : breakfast

Le déjeuner : lunch

Le dîner : dinner

Une salade composée : a mixed salad

Clara : On va au supermarché pour acheter tous les ingrédients ?

Léonie : Aujourd'hui c'est le jour du **marché** : pas question d'aller dans un supermarché ! On va acheter les produits locaux, que vendent les agriculteurs de la région.

Clara : Le marché ? Qu'est-ce que c'est ?

Céline : Toutes les semaines, sur la place centrale du village, des **vendeurs** installent de grandes tables pour vendre leurs produits. Par exemple, les agriculteurs viennent vendre des **légumes**, des **fruits**... Il y a des bouchers, des boulangers, des **artisans**... On trouve tout sur un marché ! Tu vas voir...

. . .

Clara est très enthousiaste ! Elle adore découvrir ces petites choses du quotidien des français. Quand elle était aux Etats-Unis, elle s'imaginait que toute la France **ressemblait à** Paris. Mais maintenant, elle réalise que la France qu'elle n'a aucune idée de comment on vit dans la campagne. Ils vont à pied au marché, et elle admire les jolies petites maisons du village.

Quand ils arrivent au marché, Clara est impressionnée ! Il y a beaucoup de monde, et beaucoup de **stands**. Pour commencer, ils vont à la **boucherie** pour le hachis Parmentier. C'est un plat de **viande** de **bœuf** hachée et de purée de **pomme de terre**, qu'on fait **cuire** au four.

Un marché : a marketplace

Stands : food stands

Un vendeur : a vendor, a seller

Un légume : a vegetable

Un fruit : a fruit

Un artisan : a craftsperson

Ressembler à : to look like

Une boucherie : a butcher's

La viande : meat

Le bœuf : beef

Une pomme de terre : a potato

Cuire : to cook

Un four : a oven

La bouchère : Bonjour Mademoiselle ! Qu'est-ce que vous prendrez ?

Léonie : Un kilo de steak **haché**, s'il vous plaît.

La bouchère : Il y a un kilo et trois cent grammes, ça vous va ?

Léonie : Oui, pas de problème. Ça fait combien ?

La bouchère : Sept euros soixante, s'il vous plaît.

Maintenant, ils vont acheter les légumes dont ils ont besoin, chez le **primeur**.

Céline : Bonjour Monsieur.

Le vendeur : Bonjour ! Qu'est-ce que je vous sers ?

Céline : Deux kilos de pommes de terre, un kilo d'oignons, **quelques** carottes…

Adam : N'oublie pas l'ail.

Céline : Tu as raison. **Une gousse d'ail**, s'il vous plaît. Et pour faire une salade composée, qu'est-ce que vous nous recommandez ?

Le vendeur : En cette saison, je vous conseille une salade de **potiron**, de **laitue** et de fromage.

Adam : Excellente idée ! Alors on vous prend un potiron de **taille moyenne**, une salade. Je voudrais aussi **un petit peu** d'échalote. Et pour le dessert, on achète des fruits ?

Léonie : Oui. On va prendre un **demi**-kilo de kiwis, cinq pommes et cinq poires, deux kilos d'oranges pour faire du jus le matin, et un kilo de clémentines. Quand il fait froid c'est important de prendre de la vitamine C !

Clara : Tu as raison. Est-ce qu'on peut prendre une grappe de **raisin** blanc ? J'adore ça.

Le vendeur : Très bien, ça fait un total de vingt-deux euros quarante.

. . .

Steak haché : ground beef

Le primeur : the greengrocer's

Quelques : few

Une gousse d'ail : a head of garlic

Un potiron : a pumpkin

laitue : lettuce

De taille moyenne : medium-sized

Un petit peu de : a bit of

Un demi-kilo : half a kilo

Une grappe de raisin : a bunch of grape

Après les légumes, le fromage. Ils vont tous chez le fromager, et Clara a envie de tout **goûter** ! Ils choisissent d'acheter un gros **morceau de** gorgonzola pour la salade de potiron, une grosse **tranche** de gruyère suisse, cent grammes de roquefort, un camembert, et une portion de brie de Meaux. Avant de manger le dessert, les français ont l'habitude de manger du fromage, avec du pain : il y a beaucoup de gens qui **font la queue** pour en acheter.

Sur le marché, Clara réalise qu'on peut acheter une infinité de choses : du **miel**, de la confiture artisanale, des fleurs, des fruits… Elle trouve ça merveilleux !

Goûter : to taste, to try some food

Un morceau : a piece

Une tranche : a slice

Faire la queue : to stand in line

CHAPTER 6 QUESTIONS

Des Questions (Chapitre 6)

1) Où vont-ils passer le week-end ?

1. Dans le Sud de la France
2. Chez Adam
3. A la campagne
4. Dans une ville

2) Qui s'occupe de la maison ?

1. Les enfants
2. Les parents
3. La femme de ménage
4. Céline et Clara

3) Ils vont faire les courses…

1. Séparément
2. Au supermarché
3. En voiture
4. Au marché

4) Qu'est-ce qu'ils n'achètent pas ?

1. De la viande
2. Des oignons
3. Des fleurs
4. Du fromage

5) Qui va faire la cuisine ?

1. Tout le monde
2. Le traiteur
3. Les parents
4. Adam et Maria

CHAPTER 6 ANSWERS

Les réponses (Chapitre 6)

1. C
2. A
3. D
4. C
5. D

CHAPTER 7

Demain est un jour un peu particulier pour Clara. Julien, le cousin de Céline, l'a invitée à **déjeuner** au restaurant pour **faire connaissance**. **La veille**, elle se demande si elle se sentira mal à l'aise pendant leur rendez-vous. Heureusement, Julien parle bien anglais : si elle ne trouve pas ses mots en français elle pourra passer à sa langue maternelle !

Ils se sont donnés rendez-vous à **midi vingt** à la station de métro Cordeliers. Clara a l'habitude de se déplacer seule dans Lyon, maintenant. Comme elle est un peu en retard, elle envoie un message à Julien pour le **prévenir**. Quand elle arrive, il la guide jusqu'à la rue Mercière.

Il lui explique que cette rue est très **connue**, parce qu'elle est **pleine de** restaurants, et que son architecture est typique de la ville. Clara est impressionnée ! Tous les restaurants attirent son attention par leur décoration, tous les plats sur les tables ont l'air délicieux ! Comme c'est une **rue piétonne**, il y a beaucoup de gens qui se promènent, et les restaurants ont installé leurs tables dehors. Justement, Julien lui propose de s'assoir **en terrasse**.

Déjeuner : to lunch

Faire connaissance : to get to know someone

La veille : the day before

Midi vingt : twenty past midday

Prévenir : to let someone know

Connu : famous

Plein de : full of

Une rue piétonne : pedestrian street

En terrasse : in the outside seating area

Clara : Tu ne crois pas qu'on va avoir **froid** si on reste **dehors** ?

Julien : Ne t'inquiète pas : regarde, quasiment tous les restaurants mettent à disposition une petite **couverture** pour les clients qui s'installent en terrasse ! C'est très pratique : tu la mets sur tes jambes, et comme ça tu n'as pas froid !

Clara : Je trouve que c'est une très bonne idée ! Asseyons-nous en terrasse. Dans quel restaurant tu veux manger ? Il y en a tellement, je ne sais pas comment choisir…

Il lui propose de déjeuner dans un « bouchon ». Ce sont de petits **bistrots** typiques de Lyon, qui servent les plats traditionnels de la ville et de la région. C'est absolument parfait ! lui répond Clara.

Ils trouvent rapidement une table libre, s'assoient, et le serveur vient leur **apporter** la carte. Immédiatement, Julien l'informe qu'il est allergique aux œufs, et demande à consulter la liste des allergènes dans les plats. **Pendant que** le serveur va la chercher, Clara demande à Julien de quoi il s'agit. Il lui explique qu'en France, les restaurants sont obligés de présenter à leurs clients une liste de tous leurs plats avec la mention des produits allergènes les plus courants, comme le gluten, les œufs, le lactose, et cetera. Comme ça, une personne allergique peut sortir sans **avoir peur** d'être malade !

Froid : cold

Dehors : outside

Une couverture : a blanket

Un bistrot : typical french restaurant

Apporter : to bring

Pendant que : while

Avoir peur : to be afraid

Julien : Je te conseille de choisir le menu lyonnais. Tu vois, il y a trois options d'entrées, trois **plats principaux**, et trois desserts.

Clara : Je suis un peu perdue, je ne reconnais aucun plat… Est-ce que tu peux m'aider à choisir s'il te plaît ? En général j'aime tout, sauf le **poisson**.

Julien : Avec plaisir ! En entrée, tu dois absolument **goûter** la **cervelle** de canuts.

Clara : La quoi ? Non, moi je ne mange pas ce genre de choses ! Pas de poisson, et pas de cerveau !

Julien : Ne t'inquiète pas ! Ce n'est pas vraiment de la cervelle. C'est une sorte de **fromage frais** aux **échalotes** qui se mange avec du pain grillé. Moi, je vais commander une assiette de rosette, le **saucisson** local. Je te ferai goûter. Bon, pour le plat principal, je te propose de goûter les quenelles. C'est vraiment très typique de la cuisine lyonnaise ! Et en dessert, une portion de **tarte** aux pralines.

Clara : Merci ! Tu es gentil.

Un plat principal : main course

Un poisson : a fish

Goûter : to taste, to try food

Le cerveau / La cervelle : brain

Un fromage frais : cream cheese

Une échalote : a shallot

Un saucisson : a dry sausage

Une tarte : a pie

Quand le serveur revient, Julien passe leur **commande**, et demande aussi une petite bouteille de soda, et une carafe d'eau. En France, dans les restaurants, on peut boire gratuitement **l'eau du robinet**.

Clara aime tout ce qu'elle mange. La consistance de la quenelle la surprend un peu, mais elle **s'habitue**, et elle est heureuse de découvrir de nouvelles choses. Julien lui raconte sa vie. Il lui explique qu'il étudie l'anglais avec passion, qu'il veut absolument aller vivre à New York depuis qu'il est enfant. Il est fasciné par « la ville qui ne dort jamais ». Il **pose beaucoup de questions** à Clara.

Le serveur revient : Voilà votre addition. Ca fait trente-quatre euros soixante. Souhaitez-vous payer par carte, ou **en liquide** ?

Julien : En liquide, s'il vous plaît.

. . .

Clara n'a pas vu le temps passer : elle a passé un très bon moment. Ils **promettent** de se revoir bientôt, et elle **rentre** chez Céline.

La commande : the order

L'eau du robinet : tap water

S'habituer : to get used

Poser des questions : to ask

L'addition : the bill

Par carte : by credit card

En liquide : by cash

Promettre : to promise

Rentrer : to come back home

CHAPTER 7 QUESTIONS

Des Questions (Chapitre 7)

1) Où se retrouvent Julien et Clara ?

1. Au restaurant
2. Rue Crémière
3. Station Cordeliers
4. Chez Céline

2) Quel type de cuisine décident-ils de manger ?

1. Cuisine grecque
2. Cuisine régionale
3. Cuisine créole
4. Cuisine végétarienne

3) De quoi est faite la cervelle de canut ?

1. De viande
2. De poisson
3. De canut
4. De fromage frais

4) Où Julien voudrait-il vivre ?

1. A New York
2. A Paris
3. Aux Etats-Unis
4. A Lyon

5) À quoi Julien est-il allergique ?

1. Au poisson
2. Aux quenelles
3. Aux oeufs
4. Au saucisson

CHAPTER 7 ANSWERS

Les réponses (Chapitre 7)

1. C
2. B
3. D
4. A
5. C

CHAPTER 8

Aujourd'hui, on est le vingt-et-un mars : c'est le début du **print-emps** ! Clara n'arrive pas à croire que le temps passe si vite : elle est en France depuis plusieurs mois déjà. Maintenant que l'hiver est terminé, il commence fait chaud, et elle réalise qu'elle n'a pas de **vêtements** adaptés. Elle en parle à Céline, pour lui demander conseil : elle ne sait pas dans quel **magasin** aller.

Céline : Et bien, tu peux aller au **centre commercial** La Part Dieu. C'est l'un des plus grands centre commerciaux d'Europe. Avec cinq étages de magasins, tu vas trouver quelque chose qui te plaît, c'est sûr. Si tu veux, je t'explique comment y aller, c'est facile. Mais **à mon avis**, c'est beaucoup plus sympa d'aller faire les magasins rue de la République. Tu sais, c'est cette **rue commerçante** dans le centre-ville, avec plein de magasins. Là-bas tu peux **trouver** tout ce que tu cherches, de styles différents. En plus, la rue est piétonne. C'est beaucoup plus **agréable** de passer l'après-midi dehors que de **rester** dans un centre commercial, tu ne crois pas ?

Le printemps : spring

Des vêtements : clothes

Un magasin : a store

Un centre commercial : a shopping mall

Un avis : an opinion

Une rue commerçante : a shopping street

Trouver : to find

Agréable : enjoyable, pleasant

Rester : to stay

La mère de Céline, Florence, entend la conversation des filles. Elle leur propose d'aller **faire les boutiques** en famille ce samedi. En effet le petit frère de Céline, Mathéo, a beaucoup **grandit** cette année, et il a absolument besoin de nouveaux vêtements. Elle en profitera pour acheter un nouveau **maillot de bain** à Céline, parce que l'ancien est très abîmé. Tout le monde trouve que c'est une bonne idée, et les filles attendent le samedi avec impatience.

Par chance, il fait très beau ce samedi après-midi : il y a du soleil, le ciel est parfaitement bleu. Ils partent après le **déjeuner**, et quand ils arrivent il y a déjà beaucoup de monde dans les rues. La rue de la République est pleine de gens qui se **promènent** et **font du lèche-vitrines**. Matéo **se plaint** de ses vêtements **trop petits** : « Tous mes t-shirts sont trop **courts** ! Et je ne peux plus **mettre** mon jean préféré : il est petit pour moi ! Même ma **veste** est devenue trop petite…»

Faire les boutiques : to go shopping

Grandir : to grow

Un maillot de bain : swim suit

Le déjeuner : the lunch

Se promener : to go for a walk

Faire du lèche-vitrines : to do some window shopping

Se plaindre de : to complain about

Trop petit : too small

Court : short

Mettre : to put on

Une veste : a jacket

Ils commencent par entrer dans un magasin de vêtement pour jeunes garçons, pour Matéo. Sa mère lui **propose** une marinière : le fameux t-shirt **rayé** blanc et bleu des français.

Matéo : Mais maman, ce n'est pas mon style… Je vais être ridicule si je mets ça, et tous mes amis vont **se moquer** de moi !

Florence : Tu exagères… Je suis sûre que tu serais très **mignon habillé** comme ça. Mais fais ta **propre** sélection si tu préfères.

Il choisit un t-shirt **bleu clair**, un jean **gris foncé**, et une veste en **cuir** rouge. Mais elle est trop **chère** : elle **coûte** deux cent euros ! Sa mère refuse de l'acheter. A la place, ils choisissent une veste en jean. Le vendeur les **accompagne** à la **caisse**, Florence paye leurs **achats**, et ils sortent du magasin.

Céline : Regarde Clara, j'adore ce magasin : ce n'est pas une grande marque que tu trouves **partout** en France, c'est un petit magasin local. Maman, on peut y aller ?

Florence : D'accord, mais c'est un peu plus cher… Je te préviens, j'ai le même budget pour toi que pour ton frère. Ici tu ne vas pas pouvoir acheter beaucoup de choses.

Céline : **Ce n'est pas grave**. Venez, on entre !

Proposer : to offer

Rayé : striped

Se moquer de : make fun of

Mignon : cute

Habillé : dressed

Ppropre : own

Bleu clair : light blue

Gris foncé : dark grey

Le cuir : the leather

Cher : expansive

Coûter : to cost

Accompagner : to guide, to go with

La caisse : the checkout

Un achat : a purchase

Partout : everywhere

Ce n'est pas grave : it doesn't matter

Immédiatement, Clara voit une très jolie **robe**, qui lui plaît énormément. Elle est **vert foncé**, avec des **broderies** couleur **argent** sur les **manches**. Malheureusement, le **prix** sur **l'étiquette** est vraiment trop cher pour elle. **Par contre**, elle voit un chemisier qui ressemble à cette robe, et qui est moins cher. Elle va l'essayer dans les **cabines d'essayages**.

Une robe : a dress

Vert foncé : dark green

Des broderies : embroidery

Argent : silver

Une manche : a sleeve

Un prix : a price

Une étiquette : a label showing price

Par contre : however

Une cabine d'essayage : a fitting room

Céline : **ça te va très bien** ! C'est une couleur originale, et la **coupe** est très belle. Prends-la ! Moi j'ai essayé ce **pantalon** rayé, mais ça ne me va pas, et pour l'été, je préfère cette **jupe** à **imprimé** fleurs. Qu'est-ce que tu en penses, maman ?

Florence : Tu ne crois pas qu'elle est trop courte..? Ce n'est pas adapté à ton âge. Voilà une jupe plus longue, tu ne veux pas l'essayer ?

Céline : Mais c'est la mode ! Tout le monde porte des jupes courtes. Je la prends. Vous avez vu que les accessoires sont en **soldes** ? Je vais prendre ce **collier**, et cette **bague** : à ce prix c'est vraiment une **bonne affaire** !

Ca te va bien : it fits you well

La coupe : the cut

Un pantalon : pants

Une jupe : a skirt

Les soldes : the sales

Un collier : a necklace

Une bague : a ring

Une bonne affaire : a good deal

CHAPTER 8 QUESTIONS

Des Questions (Chapitre 8)

1) Quel jour marque le début du printemps en France ?

A. Le vingt-et-un avril

B. Le vingt-et un mars

C. Le vingt-et-un septembre

D. Le vingt-et-un décembre

2) Pourquoi Mathéo a besoin de faire les boutiques ?

A. Ses vêtements sont sales

B. Il a perdu tous ses vêtements

C. Il est plus grand qu'avant

D. Il fait trop chaud

3) Qui propose d'aller faire les boutiques dans une rue piétonne ?

A. Clara

B. Florence

C. Matéo

D. Céline

4) Qui propose d'aller faire les boutiques tous ensemble ?

A. Clara

B. Florence

C. Mathéo

D. Céline

5) Pourquoi Mathéo n'achète pas la veste en cuir ?

A. Elle est trop petite

B. Il pense que ses amis vont se moquer

C. Il préfère une veste en jean

D. Elle est trop chère

CHAPTER 8 ANSWERS

Les réponses (Chapitre 8)

1. B
2. C
3. D
4. B
5. D

9

CHAPTER 9

Aujourd'hui l'école est finie ! C'est la dernière journée de lycée pour Céline et Clara. Dans tous les cours, les professeurs proposent des activités pour **s'amuser**. En français, ils font du théâtre, en anglais ils regardent un film, en mathématiques ils ont apporté des gâteaux pour faire un grand **goûter**. En sport, ils font un **tournoi** de **balle au prisonnier**. A midi, **au lieu d**'aller à la cantine les filles vont avec tous leurs amis manger un kebab, dans un restaurant de sand-wichs à emporter, à quelques minutes du lycée. C'est le point de rendez-vous des adolescents du quartier. Quand les filles arrivent chez Céline le soir, elles sont d'excellente **humeur** : la journée a été formidable, et en plus, elles vont **partir en vacances** ! Toute la famille va passer deux semaines à la **mer**. Ils vont dans une petite ville à côté de Cannes qui s'appelle Théoule sur Mer.

Florence : N'oubliez pas de faire votre **valise** avant le dîner : on prend le train très **tôt** demain, vous devez vous coucher tôt.

Céline : Oui maman. Mais ne t'inquiète pas on a quasiment terminé nos valises. Je dois seulement ajouter mon shampoing, ma **brosse à dent**, des petites choses **de ce genre.**

. . .

S'amuser : to have fun

Un goûter : a snack

Un tournoi : a championship

La balle au prisonnier : dodgeball

Au lieu de : instead of

L'humeur : the mood

Partir en vacances : to go on holidays

La mer : the sea

De ce genre : things of this kind

A six heures **le lendemain**, les parents de Céline viennent les **réveiller**. Le train part à sept heures et demie, elles doivent se préparer et manger rapidement. C'est la première fois que Clara prend le train en France. La **gare** de Lyon est un grand bâtiment, ils cherchent leur numéro de **quai** sur les **panneaux d'affichage**. Ils **compostent** leurs billets avant de monter dans leur wagon. Une voix dans le **haut-parleur** annonce que le train partira avec vingt minutes de **retard**. J'aurais pu dormir un peu plus ! pense Clara.

Après quatre heures de train, ils arrivent à la gare de Cannes. Ils vont **récupérer** la voiture qu'ils ont **louée** pour ces deux semaines, et ils partent en direction de Théoule sur Mer. Tous les ans la famille de Céline louent la même maison au bord de la **plage**. Ils connaissent très bien la ville, et ils ont beaucoup d'amis **là-bas**.

Le lendemain : the day after

Se réveiller : to wake up

La gare : the train station

Le quai : the platform

Un panneau d'affichage : a noticeboard

Composter : to check

Un haut-parleur : a speaker

Retard : late

Récupérer : to pick up

Louer : to rent

Une plage : a beach

Là-bas : over there

Céline : Tu vas voir, cet après-midi on va aller à la plage toi et moi, et je vais te présenter tout le monde.

Clara : J'espère qu'il va **faire beau** !

Florence : Oh oui, ne t'inquiète pas : j'ai regardé la météo, et normalement il y a du **soleil** tous les jours. Il va faire très **chaud** !

Céline : Super, je vais pouvoir **bronzer** ! Clara, je te propose d'aller directement à la plage quand on arrive. On met notre **maillot de bain**, et voilà. Maman, tu es d'accord ?

Florence : D'accord. Mais tu prends ton **portable** : je veux pouvoir **t'appeler** en cas **d'urgence**.

C'est vrai qu'il fait très chaud : quand les filles arrivent à la plage, elles installent leurs **serviettes** sous le **parasol** pour ne pas être trop exposées au soleil. Clara met de la **crème solaire** dans le **dos** de Céline, qui est très blanche, et qui a peur **d'attraper un coup de soleil**. Elles ont deux semaines pour bronzer, il n'y a pas de raisons de **se brûler** ! Clara va **nager** un peu : la mer est un peu froide, mais **peu importe**. Elle **flotte** sur le dos, elle regarde le **ciel**, et elle se sent parfaitement heureuse.

Bronzer : to tan

Il fait beau : the weather is good

Il y a du soleil : it's sunny

Il fait chaud : it's hot

Un maillot de bain : a bath suit

Un portable : a cell phone

Appeler : to call

Une urgence : an emergency

Une serviette : a towel

Un parasol : a sunshade

La crème solaire : the sunscreen

Le dos : the back

Attraper un coup de soleil : to get a sunburnt

Brûler : to burn

Nager : to swim

Peu importe : it doesn't matter

Flotter : to float

Le ciel : the sky

Quand elle sort de **l'eau**, Céline lui montre un petit groupe d'adolescents :

.   .   .

Céline : Tu vois ce garçon blond là-bas ? Celui avec des **lunettes de soleil** rouges et un short vert ? C'est un touriste anglais qui **revient** tous les ans. Il s'appelle Thomas. A côté de lui, la **grande** fille avec les **cheveux bruns**, c'est une super amie ! Elle s'appelle Claire, tu vas beaucoup l'aimer.

Clara : La fille avec le bikini bleu et violet ?

Céline : Mais non, ça c'est Juliette. Claire a les cheveux plus longs, et **bouclés**. Elle a une **casquette** blanche. Tu la vois ?

Clara : Ah oui ! Et ils viennent dans notre direction.

Céline : Je les ai invités à déjeuner avec nous. Tu vas voir, ces vacances vont être géniales, et tu vas **te faire** plein de nouveaux **amis**. Ce soir, après le dîner, on ira au bar de la plage. J'ai demandé l'autorisation à mes parents, et ils ont dit oui. Il y a toujours des musiciens, les gens dansent un peu, tous les jeunes **se retrouvent là**. Tu vas voir, tu vas adorer !

Clara est d'accord : les vacances vont être géniales.

Les lunettes de soleil : the sunglasses

Revenir : to come back

Grand : tall

Les cheveux bruns : brown hair

Les cheveux bouclés : curly hair

Une casquette : a cap

Se faire des amis : to make friends

Se retrouver : to meet

Là : there

CHAPTER 9 QUESTIONS

Des Questions (Chapitre 9)

1) Que font les élèves en cours de mathématiques ?

1. Des exercices de mathématiques
2. Un concours de gâteaux
3. Du sport
4. Manger des gâteaux

2) Quand termine l'année scolaire en France ?

1. En décembre
2. En juin
3. En Septembre
4. En juillet

3) Qui part en vacances ?

1. Céline et Clara
2. La mère de Céline
3. Clara et Céline, avec un groupe d'amis
4. Clara, Céline et sa famille

4) Où vont-ils passer les vacances ?

1. A Cannes
2. A côté de Cannes
3. A Lyon
4. A Saint Tropez

5) Comment s'appelle l'amie de Céline ?

1. Juliette
2. Mathilde
3. Claire
4. Judith

CHAPTER 9 ANSWERS

Les réponses (Chapitre 9)

1. D
2. B
3. D
4. B
5. C

10
_____

CHAPTER 10

Les mois ont passé, l'année se termine, et il est temps que Clara **rentre** chez elle. Dans deux jours, elle sera à New York avec sa famille. Bien sûr, elle est heureuse de revoir ses parents, sa **sœur**, et tous ses amis. Mais en **quittant** Lyon elle a l'impression de quitter sa deuxième famille, et sa deuxième maison.

Un peu avant l'heure du dîner, Florence lui demande d'aller chercher deux baguettes à la boulangerie. Quand elle revient, et qu'elle ouvre la porte d'entrée… Tout le monde est là ! La famille de Céline, Julien, et tous ses amis du lycée ! « Surpriiiise ! » Le salon est plein de **ballons** aux couleurs du **drapeau** américain, et sur la table il y a de grandes assiettes avec des **salades composées**, de la pizza, des tartes, des gâteaux, et des **bonbons**. Sur le mur, il y a une **guirlande** de grandes lettres rouge qui dit « **A BIENTÔT** »

Rentrer : to come back

Quitter : to leave

Une sœur : a sister

Un ballon : a balloon

Un drapeau : a flag

Une salade composée : a mixed salad

Un bonbon : a candy

Une guirlande : a tinsel

A bientôt : see you soon

Clara : Oh, merci, merci à tous ! **Je n'y crois pas** ! Quand est-ce que vous avez installé tout ça ?

Céline : On planifie cette fête surprise depuis des jours ! On voulait te **dire au revoir** de manière spectaculaire, pour que tu ne nous **oublie** pas, et que tu reviennes nous voir bientôt.

Clara : Je vous **remercie du fond du cœur**. Cette année avec vous a été merveilleuse**, grâce à** vous je ne me suis pas sentie seule. Je suis sûre que je vais revenir vous voir, mais avant ça, **j'espère** que vous aussi vous allez venir me voir aux Etats-Unis ! Je vous attends ! Et vous pourrez venir vous installer chez moi : mes parents sont d'accord.

Julien : Je crois que le premier à venir te voir, ce sera moi ! L'année prochaine je m'inscris à l'université en **licence** d'anglais, et je vais aller un semestre entier étudier à New York.

Florence : Quelle **bonne nouvelle** Julien ! **Félicitations**.

Je n'y crois pas : I can't believe it

Dire au revoir : to say goodbye

Oublier : to forget

Remercier : to thank

Du fond du cœur : from the bottom of your heart

Grâce à : thanks to

Espérer : to hope

Une licence : a bachelor's degree

Une bonne nouvelle : good news

Félicitations : congratulations

Clara **passe** une excellente soirée avec tous ses amis français. Quand elle va se coucher, elle est **reconnaissante** pour son année **ici**. **En plus** d'avoir amélioré son français, elle a découvert et appris beaucoup de choses.

Quand elle se réveille, elle réalise que c'est déjà son **dernier** jour. Elle doit se préparer et **faire sa valise**. Elle **commence** par choisir les vêtements qu'elle va porter pour voyager, et le **livre** qu'elle va **lire** dans **l'avion**. Maintenant, elle et capable de lire en français ! Ensuite, et **retire** ses vêtements du placard, et le **range** dans la valise. Les pantalons **d'un côté**, les hauts **de l'autre**, et les **sous-vêtements** dans un petit **sac**. Céline vient la voir.

Passer : to spend

Être reconnaissant : to be thankful

Ici : here

En plus : on top of

Dernier : last

Faire sa valise : to pack

Commencer : to start

Un livre : a book

Lire : to read

Un avion : a plane

Retirer : to remove

Ranger : to organize

D'un côté... de l'autre : on one side… on the other side

Des sous-vêtements : underwear

Un sac : a bag

Céline : Tu as besoin d'aide ?

Clara : Merci, ça va. Mais je ne sais pas si ma valise est **assez** grande. Pendant l'année j'ai acheté des choses, et j'ai aussi des **cadeaux** pour toute ma famille. Qu'est-ce que tu en penses ?

Céline : **Essaye** de t'organiser différemment. Par exemple, tu peux mettre tes **chaussettes** dans tes **chaussures**, et comme ça tu gagnes de la place.

Clara : Très bonne idée !

Heureusement, tout rentre dans la valise. Mais elle est un peu trop **lourde**. Clara va payer un extra.

Florence : Est-ce que tu as **imprimé** ton **billet** d'avion ?

Clara : Oui... Dans mon **sac-à-dos**, j'ai rangé mon passeport et mon billet d'avion.

Florence : Parfait. On doit partir dans une heure. Pour un vol international, tu dois arriver à l'aéroport minimum deux heures et demie avant le départ.

Clara : D'accord. Je vais vérifier que je n'oublie rien dans ma chambre.

. . .

Assez : enough

Un cadeau : a gift

Essayer : to try

Une chaussette : a sock

Une chaussure : a shoe

Lourd : heavy

Imprimer : to print

Un billet : a ticket

Un sac-à-dos : a backpack

Sur la route de l'aéroport, Céline **n'arrête** pas de **pleurer**. Clara va beaucoup lui manquer !

Quand ils arrivent, elle **cherche** son numéro de vol sur les **écrans d'information**, et va faire **l'enregistrement**. Elle voudrait être côté **couloir** pour pouvoir se lever quand elle veut, mais tous les **sièges** sont **occupés**. Elle va devoir être côté **fenêtre**. Avant de passer le contrôle de sécurité, elle **prend** son amie **dans ses bras**, et remercie ses parents. C'est difficile de leur dire au revoir sans savoir dans combien de temps elle va les revoir. Les filles se **promettent** de se parler sur Skype régulièrement.

Arrêter : to stop

Pleurer : to cry

Chercher : to look for

Un écran d'information : a noticeboard

L'enregistrement : the check-in

Couloir : aisle

Un siège : a seat

Occupé : taken

Fenêtre : window

Prendre quelqu'un dans ses bras : to hug someone

Promettre : to promise

Clara va à la **porte d'embarquement**, attend qu'on appelle les passagers de son vol. Puis elle monte dans l'avion. **L'hôtesse de l'air** contrôle son billet, et l'aide à trouver sa place. Elle s'assoit, et regarde par le **hublot**. Quand l'avion **décolle**, et regarde Lyon se transformer en un petit **point**, **de plus en plus** loin. Son année en France a été merveilleuse. Elle est contente de rentrer chez elle. Maintenant elle est impatiente **d'atterrir** et de prendre sa sœur dans ses bras.

La porte d'embarquement : the gate

Une hôtesse de l'air : a cabin crew

Un hublot : a plane window

Décoller : to take off

Un point : a dot

De plus en plus : more and more

Atterrir : to land

CHAPTER 10 QUESTIONS

Des Questions (Chapitre 10)

1) Pourquoi tout le monde se réunit chez Céline ?

1. Pour son anniversaire
2. Pour l'anniversaire de Clara
3. Pour le départ de Clara
4. Pour le départ de Julien

2) Combien de temps Clara est restée en France ?

1. Trois mois
2. Un an
3. Six mois
4. Un an et demi

3) Qui va venir la voir aux Etats-Unis ?

1. Julien
2. Céline
3. Sa soeur
4. Personne

4) Quel est le problème de Clara ?

1. Sa valise est trop petite
2. Sa valise est trop grande
3. Elle a perdu sa valise
4. Sa valise est trop lourde

5) Que pense faire Clara dans l'avion ?

1. Dormir
2. Lire
3. Regarder des films
4. Parler avec son voisin

CHAPTER 10 ANSWERS

Les réponses (Chapitre 10)

1. C
2. B
3. A
4. D
5. B

AFTERWORD

Did you enjoy the book or learn something new? It really helps out small publishers like French Hacking if you could leave a quick review on Amazon so others in the community can also find the book!

———

For a chance to go into the draw to win one of our FREE books every month and other updates, subscribe below!

https://frenchacking.activehosted.com/f/3

For daily posts on all things French, follow us on Instagram @Frenchacking

Made in the USA
San Bernardino, CA
27 May 2020